MORLEY
ARCHITECTURE

MORLEY
ARCHITECTURE

Offices • Restaurants • Commercial Spaces

Oficinas • Restaurantes • Espacios Comerciales

Edición / *Edition*

Fernando de Haro • Omar Fuentes

Editores *Publishers*

Fernando de Haro y Omar Fuentes

Diseño y Producción Editorial *Editorial Design & Production*

Dirección del proyecto *Project Managers*

Valeria Degregorio Vega
Tzacil Cervantes Ortega

Coordinación *Coordination*

Edali Nuñez Daniel
Susana Madrigal Gutiérrez

Corrección de estilo *Copy Editor*

Abraham Orozco

Traducción *Translation*

Louis Loizides

Espacios en Arquitectura 9, Oficinas • Restaurantes • Espacios Comerciales
Spaces 9, Offices • Restaurants • Commercial Spaces

© 2007, Fernando de Haro y Omar Fuentes

AM Editores S.A. de C.V. Paseo de Tamarindos # 400 B suite 102, Col. Bosques de las Lomas, C.P. 05120,
México D.F. Tel. 52(55) 5258 0279 Fax. 52(55) 5258 0556. ame@ameditores.com **www.ameditores.com**

ISBN 13 Español 978-970-9726-73-2
ISBN 13 Inglés 978-970-9726-74-9

Impreso en China. *Printed in China.*

P. 8
Abax Arquitectos
Fotógrafo *Photography*
Héctor Velasco Facio

P. 9
Space
Fotógrafo *Photography*
Jacob Sadrak

P.P. 3 y 7
Higuera + Sánchez
Fotógrafo *Photography*
Jaime Navarro

P. 4
Sama Arquitectos
Fotógrafo *Photography*
Jorge Rodríguez Almanza

contenido *contents*

En los últimos años, los espacios comerciales han dejado de ser aburridos. Una arquitectura vanguardista no nada más en cuanto a su estilo sino también en cuanto a su concepto -dinámica, transparente, lúcida e inteligente-, los ha convertido en sitios alegres, permanentemente atractivos, de manera que el hecho cotidiano de ir al centro comercial, al museo, a la cafetería o al restaurante, se convierte hoy en una grata experiencia donde se descubren nuevas sensaciones.

Los ejemplos son múltiples. Detalles decorativos tratados con humorismo que contrastan con la sobriedad de los acabados. Colores vivos, alegres, incluso florales y estampados, junto con grandes volúmenes que pierden materialidad con la transparencia de superficies acristaladas.

Lenguaje puro, de formas limpias, abstractas y serenas, basado simplemente en la riqueza de los materiales naturales y el encuentro armonioso de los espacios exteriores con los interiores.

Riqueza visual que surge de una combinación de colores, texturas, efectos de iluminación y arte que conviven armónicamente con la vegetación y las áreas naturales para dar una placentera sensación de confort y frescura, pero al mismo tiempo de calidez y calma.

Fusión de elementos de arquitectura tradicional y moderna en espacios

presentación *presentation*

netamente contemporáneos, que adquieren personalidad propia y proponen nuevas formas y estilos.

Líneas rectas, aparentemente caóticas, donde sin embargo los detalles responden a sofisticadas teorías de los efectos del color en la conducta de los seres humanos, azul y verde que provocan concentración y productividad, rojo que dinamiza a la gente y morado, esencial para la meditación y la autoestima.

Materiales de alta calidad como pisos de mármol, granito, maderas finas y onix; acabados sencillos como maderas simples y naturales, vidrio, cemento pulido, estuco y telas crudas.

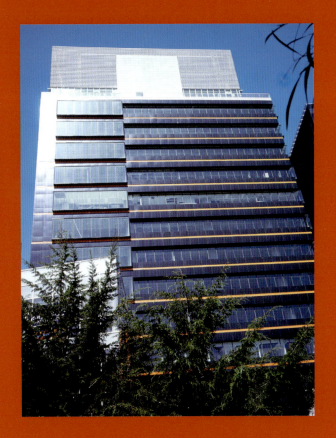

Formas puras y sueltas para que cada una asuma su propia identidad junto con edificios versátiles que se abren o cierran según la estación del año por medio de ventanales de más de siete metros de altura, junto con diseños arquitectónicos concebidos a partir de la interpretación de la simbología y los logotipos de prestigiosas firmas comerciales.

Arquitectura viva, dinámica, versátil, que aporta sus formas y texturas para enriquecer el entorno urbano contemporáneo.

Fernando de Haro y Omar Fuentes

In the last few years commercial premises have stopped being boring. Vanguard architecture, not just in terms of style but also in terms of dynamic, transparent, lucid and intelligent concepts, has turned them into bright places that are attractive all the time, so the mundane trip to the shopping mall, museum, cafeteria or a restaurant now becomes a pleasing experience that offers new sensations.

There are many examples of this: decorative details revealing a sense of humor and that stand in contrast with the sobriety of the finishes; lively, joyful colors, including floral and pattern designs, along with large volumes that take on a more ethereal look thanks to the transparency of glass surfaces.

This pure language is one of clean, abstract and serene shapes, and is based simply on the richness of natural materials and the harmony between indoor and outdoor areas.

The visual wealth is created by a combination of colors, textures, the effects of lighting and art that coexist harmoniously with the vegetation and natural areas to provide a pleasing sensation of comfort and freshness, along with warmth and tranquility.

A fusion of traditional and modern architectural elements is generated in truly contemporary spaces that acquire their very own personality to offer a new set of forms and styles.

Straight lines, apparently chaotic, in which the details nonetheless tie in with sophisticated theories on the impact of color on human behavior: blue and green encourage concentration and productivity, red makes people more lively and purple is vital for meditation and self-esteem.

Good quality materials such as floors made of marble, granite, fine woods and onyx; uncomplicated finishes such as simple and natural woods, glass, polished cement, stucco and coarse cloths.

Pure, loose shapes, each with its own identity, along with versatile buildings that are opened or shut, depending on the yearly season, through large windows more than seven meters tall, as well as architectural designs conceived through the interpretation of symbolism and the logos of prestigious firms.

Lively, dynamic and versatile architecture that lends its shapes and textures to the task of enriching the modern urban setting.

Fernando de Haro & Omar Fuentes

introducción *introduction*

La arquitectura se ubica en el espacio pero ahora más que nunca también en el tiempo. La evolución de las formas de vida producida por el avance tecnológico y la globalización aplastante, impulsan a los arquitectos hacia nuevos horizontes, hacia nuevos desafíos cada vez más complicados y exigentes.

Con la arquitectura moderna, la continuidad del espacio encuentra su posibilidad de expansión en todos los sentidos con base en la estructura y los materiales de la era industrial, con los que forma una unidad. Esa unidad potencia la ruptura de los espacios monótonos y cerrados para fluir en la planta libre y encajar con los ideales de la sociedad y la evolución de las formas de vida. Ideas, conceptos y la lógica racional del funcionalismo del uso, de los volúmenes y las formas, confluyen para hacer de cada respuesta un inmueble único, distinto e interesante. Con los mismos elementos, material y luz, espacio y tiempo.

Es imperante adaptarse a esa evolución, ya que la vida es cada día más dinámica, más rápida y los arquitectos tienen la necesidad, y al mismo tiempo, la gran dificultad de amoldarse a este cambio ya que la gente es ahora más demandante, más crítica y está mejor informada.

Lo que en este libro se muestra, no es más que la recopilación de ese testimonio del tiempo, de esa evolución de la que hablamos, un nítido reflejo de la preocupación de los arquitectos por entender estas nuevas formas y transformarlas en espacios más confortables y mejor resueltos no sólo desde el punto de vista funcional sino también formal.

Daniel Pérez-Gil de Hoyos

Architecture is defined in space but also, more than ever before, in time. The evolution of ways of life caused by the onward march of technology and unfettered globalization is driving architects on towards new, increasingly complicated and demanding horizons and challenges.

Modern architecture is allowing the continuity of space to expand in every direction on the basis of the industrial age structures and materials they combine with to create a unit. This unit encourages a breakaway from closed, monotonous spaces towards free flows and greater empathy with social ideals and the evolution of ways of life. Ideas, concepts and the rational logic of functionalism in usage, volumes and shapes together conspire to make each answer a unique building that is both different and interesting. The same elements, materials and light, space and time are used.

It is essential to adapt to this evolution, as life is becoming increasingly dynamic and fast, and architects face both the need and the major task of stepping into line with these changes, especially now that people are more demanding, more critical and better informed.

What you will find in this book, is simply a compilation of this testament of time, of this evolution, a clear reflection of the painstaking efforts of architects to come to terms with these new forms and turn them into more comfortable and well-defined spaces, in terms not only of function but also of form.

Daniel Pérez-Gil de Hoyos

Fernando de Haro • Jesús Fernández • Omar Fuentes • Bertha Figueroa

Hotel NH Santa Fe
Restaurante Evita

Abax Arquitectos

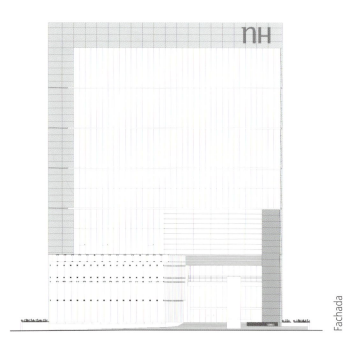

Fachada

México, D.F.

Hotel NH Santa Fe

Proyecto Arquitectónico y de Interiores *Architectural and Interior Design:* Abax S.A. de C.V.; Colaborador *Contributor:* Arq. Javier Espinosa Castro; Fotografía *Photography:* Héctor Velasco Facio y Allen Vallejo.

Su moderna fachada de cristal y el interesante juego de volúmenes color y luz en su lobby, convierten el acceso del hotel en una área acogedora e incitante. Las habitaciones fueron moduladas para ofrecer flexibilidad y optimización de instalaciones, ambas cualidades que benefician tanto a los dueños y operarios como a los clientes.

Its modern glass facade and the play of color and light volumes in the lobby make the entrance to the hotel a cozy yet exciting space. The rooms were designed to offer flexibility and optimization of the available facilities, qualities that benefit owners, operators and guests alike.

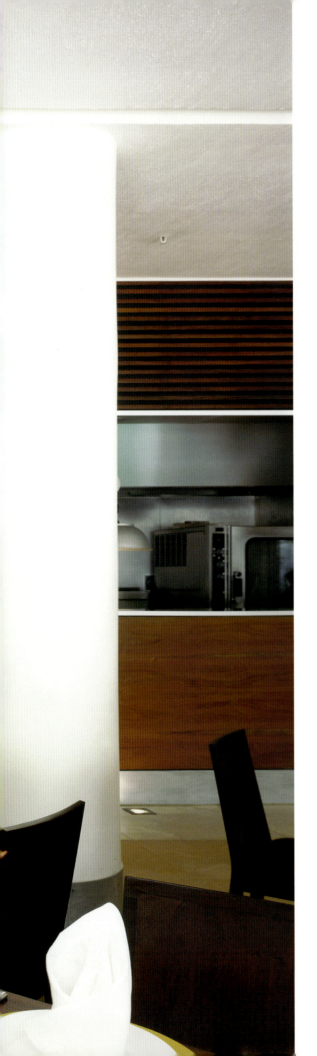

México, D.F.

Restaurante Evita

Proyecto Arquitectónico *Architectural Project:* Abax S.A. de C.V.; Fotografía *Photography:* Héctor Velasco Facio.

La filosofía de diseño del restaurante fue crear un espacio cosmopolita donde los clientes del hotel puedan desayunar, tomar una copa, relajarse en el pequeño lounge o cenar en un ambiente placentero y muy agradable.

The design philosophy of the restaurant was to create a cosmopolitan space where hotel guests can breakfast, have a drink, relax in the intimate lounge or dine in a pleasant atmosphere.

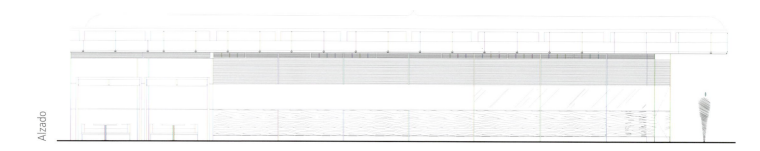

La madera, el mármol y los materiales pétreos, de fácil mantenimiento, gran durabilidad y sobre todo muy buena apariencia, contribuyen a lograr ese propósito.

The wood, marble and stone used in the restaurant are easy to maintain, highly durable and above all attractive while helping the restaurant comply with its design philosophy.

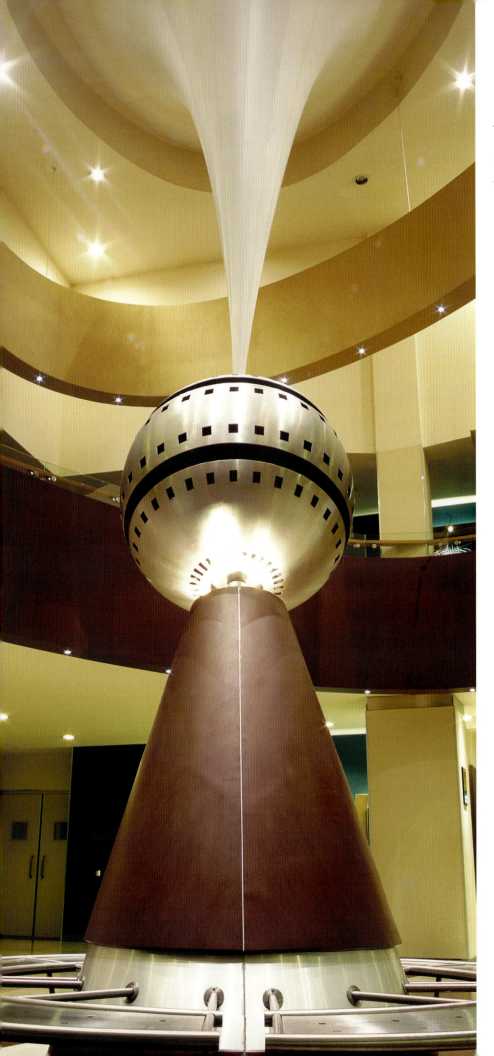

Antonio Rueda Ventosa

ART Arquitectos

Concepto Cinemex

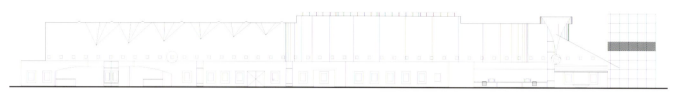

Estado de México

Cinemex Magnocentro

Proyecto Arquitectónico *Architectural Project:* Cinemex; Proyecto de Interiores *Interior Design:* ART Arquitectos; Fotografía *Photography:* Jordi Farré.

Para hacer notar el complejo, que se encuentra a cinco niveles de la planta baja, se enfatizaron dos grandes columnas en el alzado principal, rematadas con capiteles que enmarcan una banca que luce un elemento escultórico del logotipo.

The complex stands on five floors from the ground floor. To make it stand out two large pillars in the main elevation were highlighted by crowning them with capitals framing a bank that includes a sculpture of the logo.

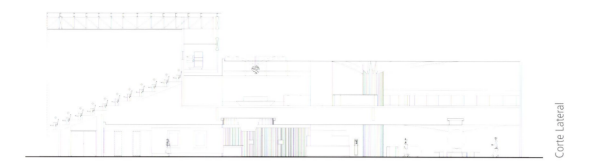

México, D.F. # Cinemex Antara

Proyecto Arquitectónico *Architectural Project:* Cinemex; Proyecto de Interiores *Interior Design:* ART Arquitectos; Fotografía *Photography:* Jordi Farré.

Centro de Atención
al Invitado

Los colores intensos como verde limón y rojo en el área platino, se compensan con maderas oscuras y pisos neutros de mármol blanco, con apliques de mármol verde y granitos, que dan sobriedad y elegancia. Una gran columna de cristal con un capitel de gajos asimétricos e iluminados por LEDs, unen el área principal con el mezanine.

Strong colors like lime green and red on platinum are offset by dark wood tones and neutral, white marble floors, with touches of green marble and granite, which provide sobriety and elegance. A large glass pillar, with a capital made from asymmetric components illuminated by LEDs, joins the main area to the mezzanine.

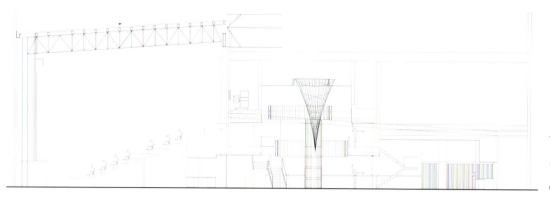

México, D.F. # Cinemex Patriotismo

Proyecto Arquitectónico *Architectural Project:* Cinemex; Proyecto de Interiores *Interior Design:* ART Arquitectos; Fotografía *Photography:* Jordi Farré.

Los pisos son de mármol crema marfil con apliques de granito rojo a manera de franjas radiales al contorno del patio del complejo. También se forma un tapete del mismo granito en la banca central.

The ivory colored marble floors include touches of red granite in the form of radial lines that define the edge of the complex foyer. The same granite also forms a rug-like surface in the central bank.

Corona el vestíbulo un aro
elipsoidal suspendido, que
a su vez delinea el área
del mezanine, donde una
banca central con el logotipo
tridimensional del complejo,
despide un elemento de licra
que sube hasta el plafón
rematándolo con otro aro
elipsoidal más pequeño.

*The foyer is crowned by a
suspended elliptical ring
that delimits the mezzanine,
where a central bank with
the 3D logo of the complex
releases an element of lycra
that goes up to the soffit
and finishes it with another,
smaller, elliptical ring.*

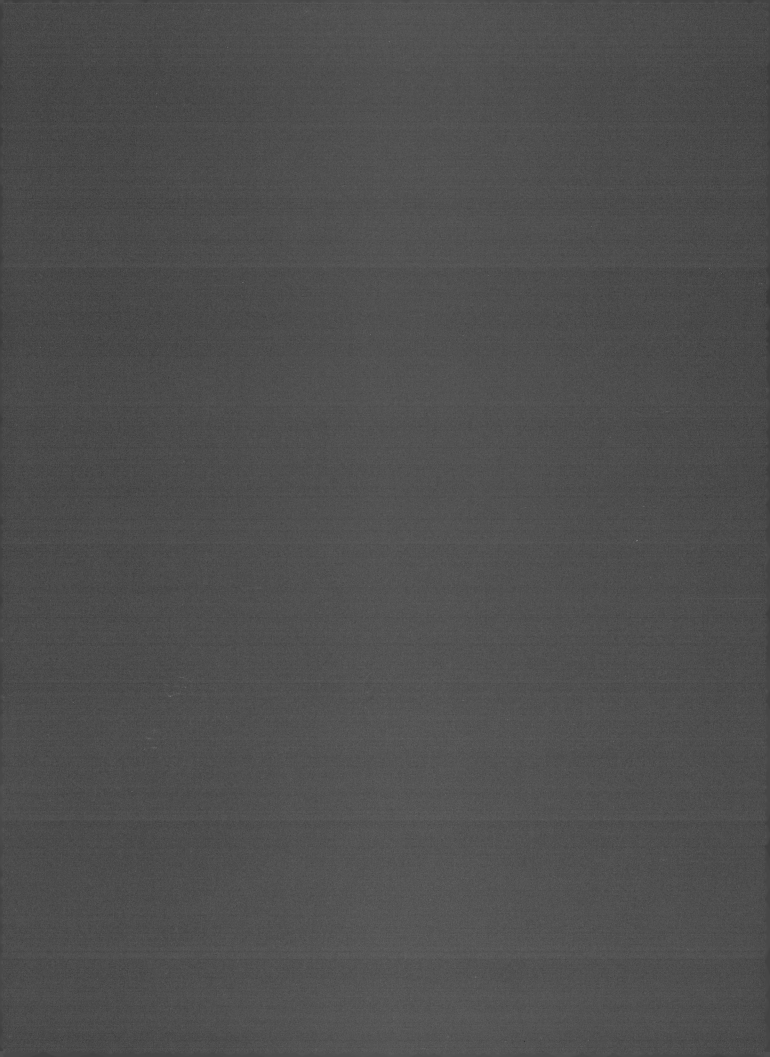

Daniel Pérez-Gil de Hoyos

EOS Acapulco

DPG Arquitectos

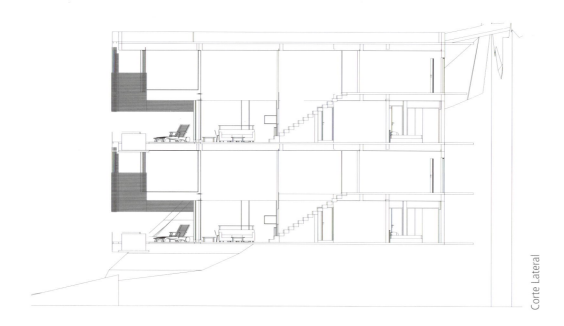

Corte Lateral

EOS Acapulco

Proyecto Arquitectónico *Architectural Project:* Arq. Daniel Pérez-Gil de Hoyos; Colaborador en Diseño del Proyecto *Project Design Contributor:* Arq. Sergio Reinoso Ochoa; Colaboradores en Desarrollo del Proyecto *Project Development Contributors:* Arq. Armando Martínez Montes y Arq. Juan Alberto Fragoso; Mobiliario *Furniture and Fittings:* Ezequiel Farca y Moda in Casa; Fotografía *Photography:* Héctor Armando Herrera.

Un edificio limpio y funcional, donde la volumetría y la conjunción de materiales son fundamentales. Diseño arquitectónico con una idea vanguardista y un carácter de sobriedad. Espacio con una imagen sencilla pero de alta calidad.

A clean and functional building in which both volume and the blend of materials are essential. An architectural design with a cutting edge approach and a sober feel. Space with a simple but quality look.

El concepto de loft en su más grande expresión. Espacios amplios y abiertos, dobles alturas, grandes paños de cristal que permiten el mayor aprovechamiento de la vista y espacios comunes para actividades integradas.

His greatest expression is the concept of the loft, with big open spaces and large panes of glass offering better views and making the most of common spaces for integrated activities.

Eduardo Ávalos • Miguel De Llano • José Segués

Forma Arquitectos

Steve Madden

Dic & Co

Steve Madden

Proyecto Arquitectónico y de Interiores *Architectural and Interior Design:* Forma Arquitectos; Fotografía *Photography:* Federico de Jesús.

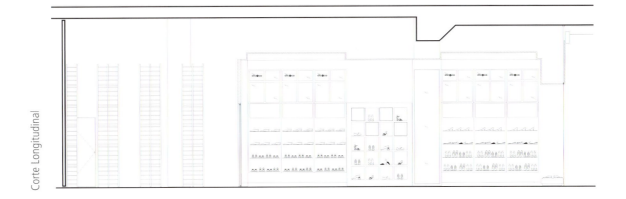

Corte Longitudinal

Coatzacoalcos, Veracruz

Dic & Co

Proyecto Arquitectónico y de Interiores *Architectural and Interior Design:* Forma Arquitectos; Fotografía *Photography:* Federico de Jesús.

Espacios con el concepto de boutique contemporánea atemporal donde el diseño logra la integración de diversos recursos en la amplitud del espacio mediante juegos de líneas rectas y curvas que contrastan con las texturas, colores y efectos de luz.

They are spaces that employ the concept of timeless contemporary boutiques where design serves to integrate diverse resources in the broadening of space through the play of straight lines and curves that contrast with the textures, colors and lighting effects.

Alejandro Garzón Abreu • Alberto Torres Hurtado

Restaurante Guadiana

Restaurante Aki

G+A Estudio de
Arquitectura y Diseño

México, D.F.

Restaurante Guadiana

Proyecto Arquitectónico *Architectural Project:* Arq. Alejandro Garzón Abreu y Arq. Alberto Torres Hurtado; Proyecto de Interiores *Interior Design:* D.I. Teresa Rivera de Cuaik; Colaborador *Contributor:* Arq. Eugenio Muñoz Calderón; Fotografía *Photography:* Alfonso de Béjar.

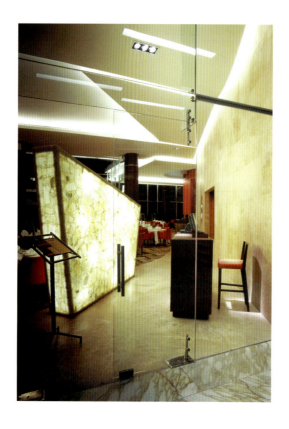

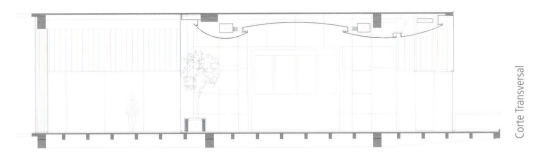

El concepto espacial de esta exitosa cadena se distingue por el juego de tensión y dinamismo en sus elementos, aunado a la combinación de colores, texturas, luces, arte y vegetación que generan en el usuario una sensación de confort, placer, frescura y al mismo tiempo calidez.

The spatial concept of this successful chain stands out for the play of tension and dynamism in their elements, as well as a combination of colors, textures, lights, art and vegetation that affords viewers a sense of comfort, pleasure, freshness and warmth, all at the same time.

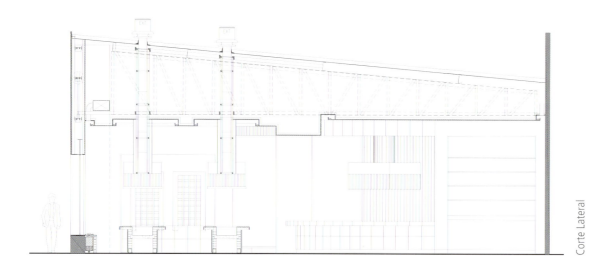

Corte Lateral

Tlaxcala, Tlaxcala # Restaurante Aki

Proyecto Arquitectónico y de Interiores *Architectural and Interior Design:* Arq. Alejandro Garzón Abreu y Arq. Alberto Torres Hurtado; Colaborador *Contributor:* Arq. Eugenio Muñoz Calderón; Fotografía *Photography:* Alfonso de Béjar.

Gilberto L. Rodríguez

Torre Miravalle

Gilberto L. Rodríguez

Torre Miravalle

Proyecto Arquitectónico *Architectural Project:* Gilberto L. Rodríguez; Colaboradores *Contributors:* Bernardo Chapa, Caty Fernández y Tomás Güereña; Fotografía *Photography:* Alejandro Rodríguez y Jorge Taboada.

El predio cuenta con una vegetación espectacular y para respetarla al máximo se optó por una solución en altura, construyendo el edificio en un esquema de 4 departamentos por planta, con un cuerpo de circulación vertical que los integra. Como atractivo adicional, además de una torre de 27 niveles, el proyecto cuenta con piscina, pabellón para fiestas dentro del jardín, salón de eventos, gimnasio y guardería.

The site, with spectacular vegetation density for the area, suggested a maximum respect for the existing green areas. Therefore, a high rise solution was adopted solving the building in a four-apartment per floor scheme with an integrating central core for vertical circulation. The project includes a 27-storey tower, a swimming pool, a garden pavillion for events, a gym and a nursery.

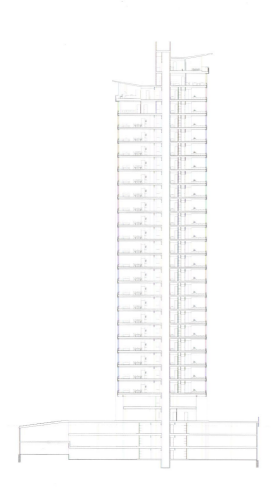

Corte Lateral

Juan José Sánchez-Aedo

Grupo Arquitech

Edificio Corporativo Eurocenter
Centro Comercial Paseo San Francisco
Palmas 530
Parque Lindavista

México, D.F.

Edificio Corporativo Eurocenter

Proyecto Arquitectónico *Architectural Project:* Grupo Arquitech S.A. de C.V., Arq. Juan José Sánchez-Aedo y Arq. Alejandro Elizondo; Colaborador *Contributor:* Arq. Miguel Ángel García; Proyecto de Instalaciones *Installations:* High Tech Services; Proyecto de Iluminación *Lighting:* Depro Iluminación, Arq. Joaquín Jamaica; Proyecto Estructural *Structural Work:* Ing. Carlos Álvarez; Supervisión *Supervision:* DF Arquitectos; Fotografía *Photography:* Luis Gordoa.

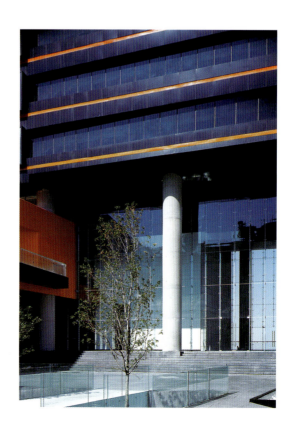

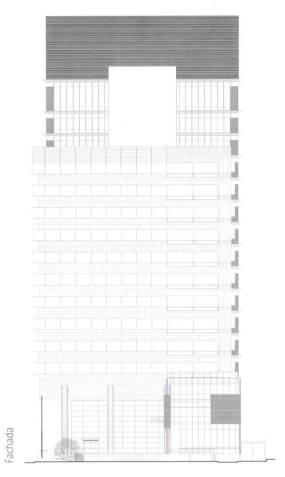

Fachada

Para permitir la ampliación visual de la plaza, la torre se elevó del suelo sobre columnas de triple altura, donde la concavidad generada se destinó para albergar un volumen de cristal que aloja la recepción, el lobby, el núcleo de elevadores y servicios que comunican todos los niveles del edificio.

In order to provide a good view of the plaza, the tower was raised from the ground on triple height columns, in which the concave space created was used to contain a volume of glass that houses the reception, lobby, elevator shafts and services that link up all the building's floors.

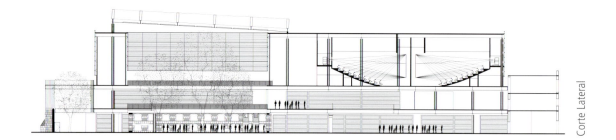

Corte Lateral

Puebla, Pue.

Centro Comercial Paseo San Francisco

Proyecto Arquitectónico *Architectural Project:* Grupo Arquitech S.A. de C.V., Arq. Juan José Sánchez-Aedo y Arq. Alejandro Elizondo; Colaborador *Contributor:* Arq. Aarón Mendoza; Proyecto de Iluminación *Lighting:* Depro Iluminación, Arq. Joaquín Jamaica; Fotografía *Photography:* Luis Gordoa.

El centro comercial, ubicado en el centro histórico de la ciudad de Puebla, se desplantó en predios que albergaban casas y fábricas del siglo XIX y principios del XX. El proyecto conserva los elementos que en su conjunto permiten preservar el espíritu del sitio.

This shopping mall is located in the historic center of the city of Puebla and was built on land that boasted houses and factories from the Nineteenth Century and early Twentieth Century. The project includes elements that come together to preserve the spirit of the place.

México, D.F. **Palmas 530**

Proyecto Arquitectónico *Architectural Project:* Grupo Arquitech S.A. de C.V., Arq. Juan José Sánchez-Aedo y Arq. Alejandro Elizondo, VIDARQ, Arq. Abraham Cherem Cassab y Arq. David Jasqui Roffe; Colaboradores *Contributors:* Francisco Monterola y Gabriel Tabachnik; Proyecto de Iluminación *Lighting:* L+F; Construcción *Construction:* VIDARQ, Ing. Jacobo Cherem Ades y Ing. Jaime Agami; Fotografía *Photography:* Luis Gordoa.

Estado de México

Parque Lindavista

Proyecto Arquitectónico *Architectural Project:* Grupo Arquitech S.A. de C.V., Arq. Juan José Sánchez-Aedo y Arq. Alejandro Elizondo; Colaboradores *Contributors:* Arq. Fernando Ortega Montoya y Arq. Daniel Camacho Flores; Proyecto Estructural *Structural Work:* Aguilar Ingenieros Consultores; Proyecto Hidrosanitario *Sewage System:* Garza Maldonado y Asociados; Proyecto Eléctrico *Electrical Work:* Ingeniería A.G.; Proyecto Aire Acondicionado *Air Conditioning:* IACSA; Proyecto de Iluminación *Lighting:* Depro Iluminación; Proyecto Circuito Cerrado *Closed Circuit Work:* GT-DF; Fotografía *Photography:* Luis Gordoa.

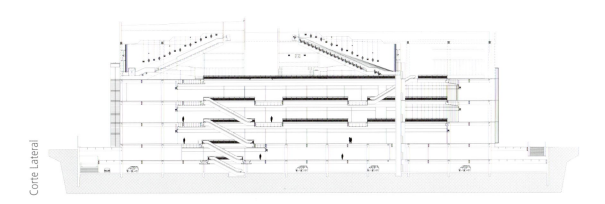

Corte Lateral

Un puente de cristal conecta dos predios divididos por una calle y logra una conexión en la que el usuario jamás percibe que ha cambiado de un predio a otro.

A glass bridge links up two properties divided by a street in such a way that users will never realize they have moved from one to the other.

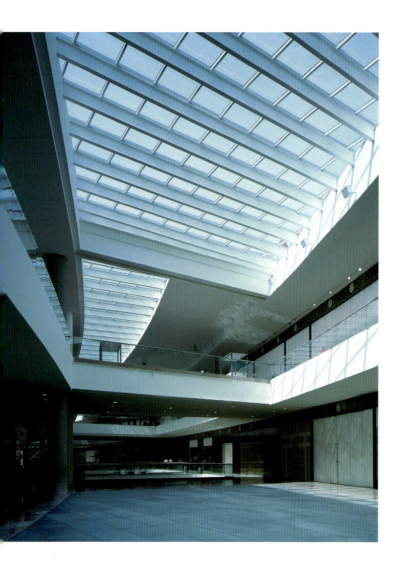

Las fachadas exteriores cuentan con diferentes materiales como son "u"glass, precolado de concreto en color blanco, cristal blanco y metecno (multypanel). Las interiores cuentan con materiales de mosaico veneciano en el faldón de los locales, de tonos cafés, piso de granito con líneas negras y plafones de color blanco.

The outdoor facades have different materials like "u" glass, precast in concrete in white, white glass and metecno (multi-panel). The inside of the building has Venetian mosaics on the skirting consisting of brown tones, a granite floor with black lines and white soffits.

Alonso Rodríguez Molleda

Tienda Adidas
Tienda Sony Style

Grupo Cero

México, D.F. **Tienda Adidas**

Proyecto Arquitectónico *Architectural Project:* Adidas Global; Ejecución del Proyecto *Project Executions:* Grupo Cero;
Fotografía *Photography:* Héctor Armando Herrera.

Tres líneas puras, características de esta firma deportiva, se convierten en el eje central de la composición. La combinación de líneas rectas con la continuidad de los planos, crea en el espacio un ambiente de dinamismo y una imponente perspectiva exterior.

Three straight lines, which characterize this sportswear firm, become the central axis of the creation. The combination of straight lines with the continuity of the planes lends the space an ambience of dynamism and an imposing outdoor perspective.

México, D.F.

Tienda Sony Style

Proyecto Arquitectónico *Architectural Project:* Kavacon, Inc.; Ejecución del Proyecto *Project Executions:* Grupo Cero; Fotografía *Photography:* Héctor Armando Herrera.

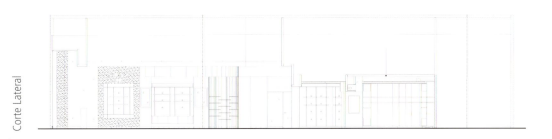

El lugar genera un ambiente agradable que acoge al usuario. Un espacio donde el principal objetivo es la interacción, mostrando las distintas variedades de productos a través de espacios característicos para cada uno de ellos.

The place offers a pleasant setting that welcomes users. The main aim of this space is interaction, which is achieved by showing the whole range of products in spaces made specially for each one.

Javier Sánchez   •   Waldo Higuera   •   Santiago Sánchez   •   Jeffrey Wernick   •   Álvaro Becker

Claustro de Sor Juana, Centro de Postgrado y Educación Continua, y Cafetería
Museo del Estanquillo

Higuera + Sánchez

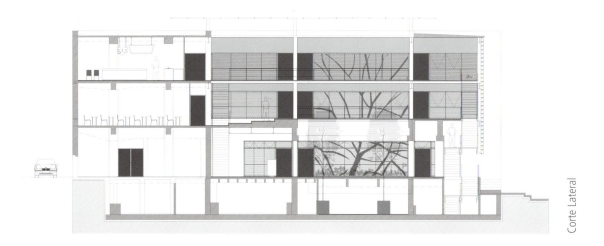

Corte Lateral

Claustro de Sor Juana,
Centro de Postgrado y Educación Continua, y Cafetería

(Centro de Postgrado y Educación Continua) Proyecto Arquitectónico *Architectural Project:* Javier Sánchez, Mariana Paz, Diana Elizalde; Proyecto de Interiores *Interior Design:* Paola Calzada; Supervisión de Obra *Work Supervision:* Fernando Valdivia, Mariana Ugalde y Patricia Aceves. (Cafetería) Proyecto Arquitectónico y de Interiores *Architectural and Interior Design:* Javier Sánchez, Paola Calzada y Larissa Kadner; Construcción *Construction:* Waldo Higuera y Fernando Valdivia; Fotografía *Photography:* Jaime Navarro.

Se caracteriza por detalles decorativos tratados con humorismo que contrastan con la sobriedad de los acabados. Los detalles son tratados con colores vivos, alegres, floreados y estampados. El resultado es un espacio con mucho carácter para captar estudiantes y usuarios del área y crear un espacio público más en el centro histórico.

It is characterized by decorative details tinged with a humor that stands in contrast to the sobriety of the finishes. The details come in bright, joyful and flowery printed colors. The result is a place with a lot of character for captivating students and other people who use the area, to create another public space in the capital's historic center.

México, D.F. **Museo del Estanquillo**

Proyecto Arquitectónico y de Interiores *Architectural and Interior Design:* Javier Sánchez, Paola Calzada, Larissa Kadner y Alejandro Zárate; Fotografía *Photography:* Jaime Navarro.

El mobiliario de la exposición debe ser mudo ante la elocuencia de la arquitectura: de color blanco y formalmente independiente del entorno. Sin embargo integra la amabilidad de la decoración ornamental y lleva al visitante con suaves curvas a través de la exposición, creando de vez en cuando nichos temáticos como células cerradas dentro del espacio.

The furniture and fittings of the exhibition must remain silent before the eloquence of the white architecture, which is formally independent of the settings. However, the warmth of the ornamental decoration is integrated and guides the visitor along gentle curves through the exhibition, creating theme niches such as cells closed in space.

Enrique Martorell Gutiérrez • Juan Ricardo Torres-Landa

Centro Comercial en Querétaro

Martor Arquitectos

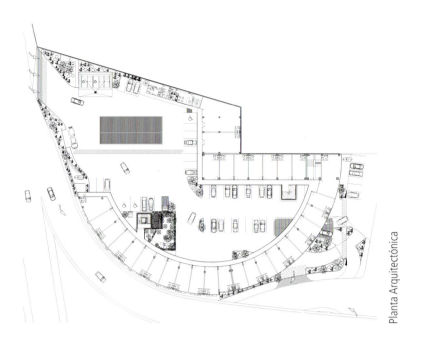

Planta Arquitectónica

Querétaro, Qro. # Centro Comercial

Proyecto Arquitectónico *Architectural Project:* Martor Arquitectos, Arq. Enrique Martorell Gutiérrez y Arq. Juan Ricardo Torres-Landa; Colaboradores *Contributors:* Arq. Alejandro de Noriega y Arq. Mariana Rodríguez; Fotografía *Photography:* Adrián Montes.

La ubicación de cada uno de los negocios es ideal. Restaurantes y cafés con terrazas jardinadas y sombreadas para crear un ambiente acogedor; una terraza al aire libre cubierta con lonarias para lograr un aspecto juvenil y fresco con una espectacular vista a la ciudad.

The location of each business is perfect. Restaurants and cafés boast shaded garden terraces to create a cozy setting; there is also an open air terrace covered with tarpaulin, lending the place a fresh and youthful air with a spectacular view of the city.

El concepto parte de la idea de generar un área común ubicada al centro y rodeada por locales comerciales. La mini estación de servicio sirve de esponja para ingresar clientes y darle un flujo vehicular constante.

The concept is derived from the idea to create a common space in the middle surrounded by business premises. The mini service station acts like a sponge for the constant comings and goings of clients and vehicles alike.

Miguel Navarro R. • Eugenio García L. • Samuel Vargas M. • Jorge Rodríguez L.

MN Proyecto y Construcción

Centro de Información
y Biblioteca CIDE

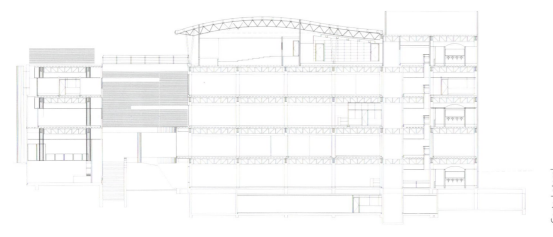

Corte Lateral

México, D.F.

Centro de Información y Biblioteca CIDE

Proyecto Arquitectónico *Architectural Project:* Miguel Navarro R., Eugenio García L. y Samuel Vargas M.; Asesoría en Diseño *Design Consultants:* Jorge Rodríguez L.; Construcción *Construction:* 3E Spacio; Colaboradores *Contributors:* Arturo Reséndiz e Ignacio Martínez; Fotografía *Photography:* Alberto Moreno Guzmán.

Los volúmenes exteriores se componen por grapas en "L" de concreto aparente, que limitan y envuelven cada uno de los cuerpos. El acceso principal se jerarquiza por un bloque volado y una rampa lateral. Para impedir la incidencia directa de luz al interior, se propusieron líneas verticales en la ventanería y una celosía vertical metálica en la fachada frontal. En el último nivel se tiene una cubierta ligera que recuerda el acomodo natural de una hoja en un libro abierto.

The outdoor volumes consist of "L"-shaped cramps made of imitation concrete that delimit and contain each part. The main access is defined by a projecting block and a lateral ramp. Vertical lines were used in the windows along with a vertical metal lattice on the front façade to stop direct light from pouring in. The top floor has a light roof reminiscent of the natural fold of the page of an open book.

Oscar M. Cadena

Oscar M. Cadena Arquitecto

Oficinas en Irapuato

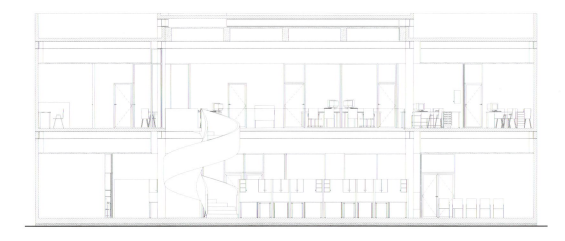

Oficinas en Irapuato

Proyecto Arquitectónico *Architectural Project:* Oscar M. Cadena; Colaborador *Contributor:* Ricardo Martínez; Ingenierías *Engineering:* Javier Martínez, Zito Rico, Arturo Morelos y Andrés Villasana; Construcción *Construction:* Arq. Héctor Muñoz (1a. Etapa), Zamgar Arquitectos (2a. Etapa); Fotografía *Photography:* Héctor Velasco Facio.

Los niveles del edificio
se conectan por una
escalera helicoidal, resuelta
esculturalmente en concreto
aparente y madera, que se
convierte en punto focal y
crea un contraste de gran
riqueza visual.

*The building's different levels
are connected by a spiral
staircase, made from exposed
concrete and wood, which
becomes the focal point and
creates a rich and visually
appealing contrast.*

La planta del edificio genera
un volumen ortogonal y casi
cerrado, con estructura de
acero, cuya rigidez se rompe
mediante un gran muro curvo
que abre el espacio interior,
genera el acceso y permite
a la luz natural penetrar
generosamente al interior.

*The building's ground plan
generates an orthogonal and
almost closed volume, built
with a steel structure, whose
rigidity is broken by a large
curved wall that opens up the
space inside, granting access
and allowing abundant
daylight indoors.*

Pedro Riveroll • Pablo Riveroll

SACMI de México
PEARSON Government Solutions

Riveroll + Riveroll Arquitectos

México, D.F. # SACMI de México

Proyecto de Interiores *Interior Design:* Pedro Riveroll y Pablo Riveroll; Colaboradores *Contributors:* José Luis Rosa, Beatriz Pérez Carmona y Francisco Flores Rojón; Fotografía *Photography:* Paul Czitrom.

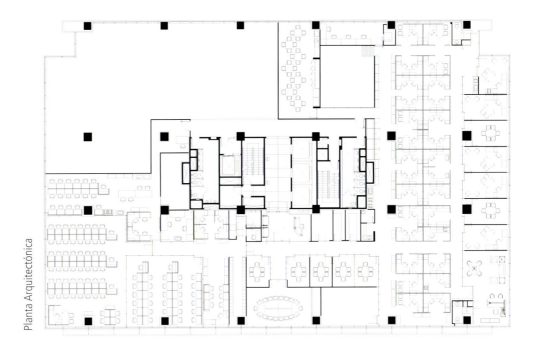

Planta Arquitectónica

México, D.F.

PEARSON Government Solutions

Proyecto de Interiores *Interior Design:* Pablo Riveroll y Pedro Riveroll; Colaboradores *Contributors:* Francisco Flores Rojón, Beatriz Pérez Carmona y José Luis Rosa; Fotografía *Photography:* Paul Czitrom.

Oficinas para una filial en México de una empresa global, en las que hubo que cumplir con un presupuesto estricto, tiempos reducidos y alta calidad, de manera sobria, cuidando la calidad en los detalles, tales como la cancelería y la iluminación indirecta y bien lograda.

Corporate offices for a global company in Mexico, in which we had to acquire high quality results while complying with a strict budget and reduced execution times, caring for well achieved details such as glass and aluminum partitions and indirect lighting.

Rafael Sama Ramos

Restaurante Becco al Mare

Sama Arquitectos

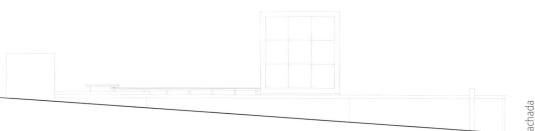

Acapulco, Gro. # Restaurante Becco al Mare

Proyecto Arquitectónico *Architectural Project:* Sama Arquitectos, Arq. Rafael Sama Ramos; Fotografía *Photography:* Jorge Rodríguez Almanza.

Un recorrido en el cual se van descubriendo distintas vistas de la bahía y los diferentes espacios del restaurante; ambientes muy sensuales, donde se da la magia de ver y ser visto. Formas puras y sueltas para que cada una tenga identidad propia, tales como el cubo de acceso, las escaleras, el puente, las columnas, los barandales, el plafón luminoso...

A trip on which you will discover different views of the bay and the different areas of the restaurant; highly sensual settings alive with the magic of seeing and being seen. Pure and unbridled shapes, each boasting its own identity, such as the access area, the stairs, the bridge, the columns, the handrails, the bright soffit...

Juan Carlos Baumgartner

Space

Mc Graw-Hill

Lenovo

Ernst & Young

Ernst & Young

Proyecto Arquitectónico *Architectural Project:* Space, Arq. Juan Carlos Baumgartner; Colaboradores *Contributors:* Adolfo Arévalo y Carlos Juárez; Fotografía *Photography:* Jacob Sadrak.

El acceso a la dirección general y salas de consejo, se distingue por materiales como la madera, cristal y mármol, que al combinarse con el mobiliario dan una sensación de sobriedad y elegancia al espacio.

The approach to the general management office and the board rooms is distinguished by the use of materials such as wood, glass and marble, which together with the furniture generate a feeling of sobriety and elegance.

Dos núcleos de elevadores
en las cuatro plantas se
aprovecharon para crear
espacios de encuentro
casual, con elementos
arquitectónicos y mobiliario
que le dan, a cada una,
personalidad propia.

*Two four-storey elevator
shafts were used to
create casual spaces, with
architectural elements and
furniture providing each one
with its own personality.*

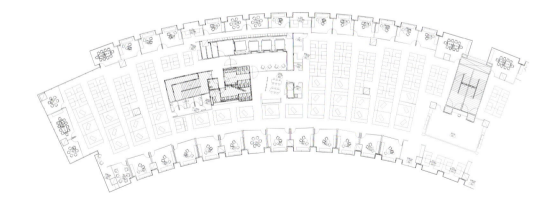

Planta Arquitectónica

México, D.F.

Tienda Mc Graw-Hill

Proyecto Arquitectónico *Architectural Project:* Space, Arq. Juan Carlos Baumgartner y Arq. Gabriel Téllez; Construcción *Construction:* Alpha-Hardin; Iluminación *Lighting:* Space; Instalaciones *Installation:* III Ingenieros en Instalaciones; Fotografía *Photography:* Santiago Barreiro.

Se trata de un lugar con identidad propia, lleno de contrastantes colores, repleto de detalles retro que confieren al sitio nostalgia y modernidad a la vez. El uso principal es de librería, pero se conjuga con una cafetería que otorga informalidad y un grato ambiente que invita a permanecer en ese espacio.

This place has its very own identity, full of contrasting colors and retro details that create a setting that is both nostalgic and modern at the same time. Its main use is as a bookstore, but it also combines forces with the cafeteria, with its informal and pleasant ambience that entices people to stay there.

Alzado

México, D.F. # Oficinas Lenovo México

Proyecto Arquitectónico *Architectural Project:* Space, Arq. Juan Carlos Baumgartner y Arq. Jimena Fernández Navarra; Colaboradores *Contributors:* Grissel Orozco, Marcos Aguilar y Carlos Juárez; Fotografía *Photography:* Santiago Barreiro.

DESIGN FOR REAL PEOPLE.

WE ARE THE N
WE ARE THE F
WE ARE LENOV

Un caos sin líneas rectas, donde todos los trenes de estaciones giran con diferentes ángulos. Los detalles responden a la teoría del color, azul y verde para provocar concentración y productividad, rojo para dinamizar a la gente y morado para la meditación y auto estima.

Chaos with no straight lines, in which all the trains from stations turn at different angles. The details uphold the color theory whereby blue and green encourage concentration and productivity, red livens people up and purple is suitable for meditation and self-esteem.

Alberto Molina

Industria Film Studios

Tribeca

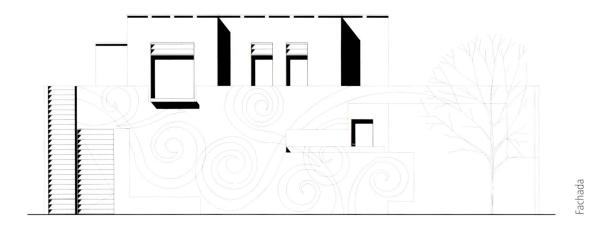

Fachada

México, D.F. # Industria Film Studios

Proyecto Arquitectónico y de Interiores *Architectural and Interior Design:* Arq. Alberto Molina;
Fotografía *Photography:* Industria Film Studios y Sófocles Hernández.

Para la remodelación de estas oficinas el concepto fue crear un story board por dentro y por fuera, con una duración de 24 horas todos los días. Eliminando de las fachadas los balcones y añadidos construidos a lo largo de los años, se diseñó una pared completamente blanca que inicia en el acceso, se va desdoblando y rodea la casa, siempre protegida por agua.

A "story board" was created to provide a theme for the remodeling of these offices, both inside and outside, 24 hours a day, every day. The balconies and additions built over the years were removed from the facades, and a completely white wall was designed, starting at the entrance, then straightening out and surrounding the house, at all times protected by water.

directorio *directory*

Paseo de Tamarindos 400 B-102,

Col. Bosques de las Lomas,

05120, México, D.F.

Tel: (5255) 5258 0558

Fax: (5255) 5258 0556

abax@abax.com.mx

www.abax.com.mx

Fernando de Haro • Jesús Fernández • Omar Fuentes • Bertha Figueroa

Abax Arquitectos

A lo largo de 25 años de vida profesional, Abax se ha especializado, entre otros rubros, en la realización de proyectos hoteleros donde ha adquirido una gran experiencia que se refleja en el diseño de obras estéticamente exitosas, funcionales y eficientes. En ellas, el propietario o el operador hotelero, tienen la certeza de ofrecer a sus clientes instalaciones vanguardistas, de buena calidad, que se conviertan en su hogar substituto.

Cada proyecto realizado por Abax, conserva el sello de elegancia, funcionalidad y distinción que caracteriza a la empresa. Obras que en todo momento responden a las necesidades y exigencias individuales de cada cliente.

Throughout a professional life spanning 25 years, Abax has specialized in, among other areas, the creation of hotel projects. This work has provided the company with extensive experience and this experience is reflected in the design of esthetically successful, functional and efficient projects. With these projects the owner or hotel operator can confidently offer customers the latest in modern installations, providing high quality features that make guests feel right at home.

Each project executed by Abax carries with it the stamp of elegance, functionality and distinction that characterizes the company, characteristics that are displayed in projects that consistently meet the individual needs and demands of all customers.

Art Arquitectos S.C. es una firma concebida para la creación de espacios arquitectónicos y de interiores. Fue fundada en 1990 por el Arq. Antonio Rueda Ventosa egresado de la Universidad Anáhuac y con un diplomado de la Universidad Iberoamericana. Desarrollan proyectos residenciales y comerciales principalmente. Procuran la adaptabilidad de la función del espacio a las necesidades del cliente, usan pocos materiales en acabados para conseguir atemporalidad en la obra, buscan también versatilidad en el mobiliario y flexibilidad en los accesorios y un manejo inteligente de la iluminación de los espacios. Su arquitectura tiende al estilo contemporáneo con exaltación en los detalles y su premisa es el confort en todos sus aspectos.

Art Arquitectos S.C. was conceived to create architectural spaces and interiors and was founded in 1990 by the architect Antonio Rueda Ventosa, a graduate of the Universidad Anahuac and holder of a diploma from the Universidad Iberoamericana. The company principally develops residential and commercial projects, ensuring the adaptability of the space to the needs of the client. They use few materials with finishes, thereby ensuring the timelessness of their work, and seek versatility in the placing of furniture, flexibility in the use of accessories and an intelligent use of lighting. Their architectural style tends towards the contemporary, with a celebration of detail, and their goal is to provide comfort in all senses of the word.

ART Arquitectos

Antonio Rueda Ventosa

Paseo de la Reforma 2608-1410,

Col. Lomas Altas,

11950, México, D.F.

Tel: (5255) 2591 9915 ó 14 / 9862 ó 63

Fax: (5255) 2591 9864

antoniorueda@art.com.mx

www.art.com.mx

Blvd. Adolfo López Mateos 2349, piso 6,

Col. Atlamaya,

01760, México, D.F.

Tel: (5255) 5683 8858

Fax: (5255) 5683 1912

dangilarquitectos@webtelmex.net.mx

www.DPGarquitectos.com

Daniel Pérez-Gil de Hoyos

DPG Arquitectos

Daniel Pérez-Gil (ciudad de México, 1967) se graduó en la Universidad La Salle, estudió su maestría de Computing and Design en la Universidad de Londres (UEL) y desde 1993 dirige Dangil, donde construye espacios habitacionales, comerciales, educativos, de oficinas e industriales en la ciudad de México. En el 2004 funda DPG Arquitectos, la cual funge como maquiladora de proyectos a distintos clientes.

Ha participado en distintas bienales como la de México, Venecia y Quito, donde ha obtenido reconocimientos y su obra se ha incluido en diferentes publicaciones, como Arquine, Enlace, Architectural Digest, Architectural Record, ADI así como en distintos libros de arquitectura nacionales e internacionales.

Daniel Pérez-Gil (Mexico City, 1967) graduated from Universidad La Salle, and studied a masters' in Computing and Design at the University of London (UEL). Since 1993 he has been at the helm of Dangil, where he makes residential, commercial, educational, office and industrial spaces in Mexico City. In 2004 he founded DPG Arquitectos, which performs projects for a number of clients.

He has attended and won acclaim at different two-yearly events like the ones held in Mexico City, Venice and Quito, and his work has been covered in different publications such as Arquine, Enlace, Architectural Digest, Architectural Record and ADI, as well as in many books on architecture, both in this country and abroad.

Integran esta empresa fundada en 1987, los arquitectos mexicanos Eduardo Ávalos, Miguel de Llano y José Segués, como socios fundadores, y Pedro Romero que se incorpora en 2006. Desde sus inicios se han desarrollado en las áreas de arquitectura residencial, diseño de interiores y proyectos de tipo comercial, que es donde hasta el momento han realizado la mayor parte de su obra. Su concepto arquitectónico se basa en que cada espacio debe producir sus propias sensaciones y que éstas pueden lograrse mediante una certera selección de materiales y una adecuada combinación de texturas, formas y juegos de iluminación específicos para cada momento y lugar. Forma es sin duda, uno de los pocos despachos en el mundo que ha trabajado para las más prestigiosas firmas comerciales como Armani, Ermenegildo Zegna, Salvatore Ferragamo, Max Mara, Etro, Cornelliani, Coach, DKNY, Nike, Tommy Hilfiger, American Express, Tous Liverpool, Palacio de Hierro, Scappino y Carolina Herrera entre muchas más.

This company was founded in 1987 and comprised the Mexican architects Eduardo Ávalos, Miguel de Llano and José Segués, as founding partners, as well as Pedro Romero, who joined the firm in 2006. From the outset, the company has worked in the fields of residential architecture, interior design and commercial projects, which is where most of its work has been performed so far. The firm's architectural concept is based on the notion that each space must generate its own sensations, which can be achieved through an accurate choice of materials and a suitable combination of textures, shapes and plays of light specific for each moment and place. Forma is, without doubt, one of the few architecture companies that can claim to have worked with such prestigious commercial firms as Armani, Ermenegildo Zegna, Salvatore Ferragamo, Max Mara, Etro, Cornelliani, Coach, DKNY, Nike, Tommy Hilfiger, American Express, Tous Liverpool, Palacio de Hierro, Scappino and Carolina Herrera, as well as many more.

Forma Arquitectos

Eduardo Ávalos • Miguel de Llano • José Segués

Paseo de la Reforma 383, piso 9,

Col. Cuauhtémoc,

06500, México, D.F.

Tel: (5255) 5208 6088

Fax: (5255) 5533 0543

mail@forma.com.mx

www.forma.com.mx

Tenantitla #6,

Col. Barrio Cuadrante San Francisco,

México, D.F.

Tel: (5255) 5658 4575 / 7292 / 5489 3096

Fax: (5255) 5658 3982

g_mas_a@gmx.net

alejandrogarzon@prodigy.net.mx

toscano59@yahoo.com

Alejandro Garzón Abreu   •   Alberto Torres Hurtado

G+A Estudio de Arquitectura y Diseño

G+A Estudio de Arquitectura y Diseño, creado por Alejandro Garzón Abreu en 1989, ha realizado proyectos y obras de carácter comercial, habitacional, industrial e institucional, y ha participado en numerosas conferencias en el aspecto teórico del diseño.

Su objetivo es proponer una arquitectura de alto impacto formal a través de los elementos que la constituyen como los muros, plafones, luces, escultura, pintura y arte objeto, a fin de construir un texto visual que evoque en el usuario una experiencia estética, que contribuya al reencuentro del asombro, el goce de la simplicidad y la reflexión. Una arquitectura donde el espacio interior funcione como escenario para descubrir y para comunicarse con otros.

G+A Estudio de Arquitectura y Diseño (G+A Architecture and Design Studio), created by Alejandro Garzón Abreu in 1989, has done commercial, residential, industrial and institutional projects and works, and has participated in numerous lectures on design theory. Its purpose is to propose high-impact architecture with respect to form and the elements that compose it, such as walls, ceiling tiles, lights, sculpture, paint and object art, constructing a visual text that evokes an aesthetic experience in the user that contributes to the rediscovery of astonishment, the joy of simplicity and reflection. It is architecture in which interior space works as a stage for discovery and communication with others.

Egresado del Tecnológico de Monterrey y con maestría en diseño por la Universidad de Harvard, Gilberto L. Rodríguez ha incursionado en proyectos residenciales y comerciales que van desde el urbanismo y la arquitectura hasta el diseño de interiores. Con un lenguaje sobrio y contemporáneo, y apoyándose en la calidez de diversos materiales naturales, sus espacios adquieren una cualidad atemporal, siempre al margen de las modas. "Busco que mi arquitectura sea un marco neutral, que pueda coexistir igualmente con un diseño interior minimalista, como con un mobiliario ecléctico que incluya elementos de diversas épocas y procedencias".

Holding a degree from the Tecnológico de Monterrey and a Master's in design from Harvard, Gilberto L. Rodríguez has developed a portfolio of residential and commercial projects that range from urbanism and architecture to interior design. Using a tempered, contemporary language supported by the warmth of different natural materials, his spaces acquire a timeless quality free of trends. "In my architecture, I seek a neutral framework that can coexist equally well with a minimalist interior design as with an eclectic concept and elements from diverse eras and origins," says the architect.

Gilberto L. Rodríguez

Gilberto L. Rodríguez

Encino 107-B,

Col. Lomas del Rosario,

66287, Garza García N.L., México.

Tel: (5281) 8303 2670

Fax: (5281) 83032 670

info@gilbertolrodriguez.com

www.gilbertolrodriguez.com

Blvd. Adolfo López Mateos 597,

Col. Ampliación Daniel Garza,

11830, México, D.F.

Tel: (5255) 5277 1322

Fax: (5255) 5516 1149

jsa@grupoarquitech.com.mx

Juan José Sánchez-Aedo

Grupo Arquitech

Grupo Arquitech presta servicios profesionales de arquitectura, construcción, planeación, y comercialización. Abarca diversas áreas y especialidades, como casa habitación, conjuntos verticales y horizontales, centros comerciales, hoteles y oficinas, bodegas, fraccionamientos, restaurantes, tiendas y cines. Ofrece, desde el análisis y planeación de proyectos hasta la coordinación y supervisión de obra en etapa de construcción, diseño urbano y de paisaje. Con un equipo altamente capacitado y vanguardista, crea proyectos atractivos en cuanto a diseño y funcionalidad. Galardonado en varias ocasiones con importantes premios internacionales de diseño, basa su éxito en el servicio personalizado, proporcionando a sus clientes inmejorables resultados y respuestas a sus necesidades.

Grupo Arquitech renders professional services in architecture, construction, planning and marketing. It covers a spectrum of fields and specialties, such as residential housing, vertical and horizontal developments, shopping malls, hotels and offices, warehouses, housing developments, restaurants, stores and movie theaters. If offers the full range of activities from project analysis and planning to work coordination and supervision, as well as urban and landscape design. Its highly qualified and vanguard team executes attractive projects in terms of design and functionality. It has won major international prizes in design and attributes its success to the customized service with which it provides its clients with unbeatable results and solutions to satisfy their needs.

Grupo Cero es una firma de diseño arquitectónico que desde su fundación se ha caracterizado por su búsqueda de la excelencia y la más alta calidad en la ejecución de sus proyectos. Creado por el arquitecto Alonso Rodríguez Molleda, egresado de la Universidad La Salle, Grupo Cero ha trabajado intensamente en la comprensión y la solución de necesidades humanas, de una manera eficiente, funcional y armónica con el contexto actual, mediante el desarrollo de proyectos arquitectónicos, que incluyen comercios, restaurantes, oficinas y casas habitación.

Grupo Cero is an architectural design firm that, since its creation, has been characterized by the pursuit of excellence and the highest quality in the execution of its projects.
Founded by Alonso Rodríguez Molleda, a graduate of Universidad La Salle, Grupo Cero has been devoted to understanding and solving human needs in an efficient, practical, balanced way within today's contemporary context. The company's architectural projects range from stores to restaurants and offices to upscale homes.

Grupo Cero

Alonso Rodríguez Molleda

Av. Colonia del Valle 511 3er. piso,

Col. Del Valle,

03100, México, D.F.

Tel: (5255) 5687 7965

Fax: (5255) 5682 2248

info@grupocero.com

Mérida 16,

Col. Roma,

06700, México, D.F.

Tel: (5255) 1085 9900

taller@higuera-sanchez.com

Javier Sánchez • Waldo Higuera • Santiago Sánchez • Jeffrey Wernick • Álvaro Becker

Higuera + Sánchez

La actividad de la oficina es multidisciplinaria, resultado de la diversidad académica de sus principales socios: Javier Sánchez (arquitecto), Waldo Higuera (ingeniero), Santiago Sánchez (actuario), Jeffrey Wernick (financiero) y Álvaro Becker (administrador de empresas). Cuentan con departamentos de arquitectura, diseño de interiores, ingeniería, coordinación de obra, desarrollo inmobiliario, maquetas, administración y relaciones públicas.
Es un despacho joven que incluye cerca de 60 personas, cada una especializada en su área, incluyendo un responsable por cada proyecto y un equipo de colaboradores.
Creen en el trabajo de equipo dentro - fuera de la oficina como el mejor medio de compartir experiencias y aprovechar las capacidades diversas del equipo.

This is a multidisciplinary firm that came into being thanks to the academic diversity of its main partners: Javier Sánchez (architect), Waldo Higuera (engineer), Santiago Sánchez (actuary), Jeffrey Wernick (financier) and Álvaro Becker (business management). It has architecture, interior design, engineering, work coordination, real estate development, scale model, management and public relations departments.
It is a young company with almost 60 staff members, each a specialist in his/her field, including a person in charge of each project and a team of workers.
The firm believes in teamwork inside and outside the office as the best means of sharing experiences and making the most of the team's different abilities.

Una de las virtudes de su trabajo radica en el compromiso y la calidad de su arquitectura y es así como Enrique Martorell Gutiérrez y Juan Ricardo Torres-Landa Ruffo, logran una sinergia de ideas y forman Martor Arquitectos. Para ellos la arquitectura sólo tiene un significado, la función basada en la forma, por lo que el espacio a través del volumen, da como resultado una arquitectura práctica, estética y funcional.

Se caracterizan por satisfacer las necesidades de sus clientes a través de su facilidad para percibir lo que necesitan. Su estilo inalterable de vanguardia a favor del avance de la arquitectura, da como resultado una fina ejecución en sus trabajos siempre en equilibrio y armonía con el medio que los rodea.

One of the virtues of the work of Enrique Martorell Gutiérrez lies in the commitment and the quality of his architecture, and this is how he and Juan Ricardo Torres-Landa Ruffo achieved a synergy of ideas and founded Martor Arquitectos. For them, architecture has but one meaning: function based on form. Therefore, space through volume produces practical, aesthetic and functional architecture.

They are noted for satisfying the needs of their customers through their ability to sense their requirements. Their commitment to an avant-garde style which favors the advancement of architecture produces fine and balanced performances, in harmony with the surrounding environment.

Martor Arquitectos

Enrique Martorell Gutiérrez • Juan Ricardo Torres-Landa

Av. 5 de Febrero 2125, desp. 1,

Plaza Norte,

76120, Jurica, Querétaro, México

Tel: (52442) 218 9971 / 9972

Fax: (52442) 5258 0556

arquitectos@martor.com.mx

www.martor.com.mx

Cumbres de Acultzingo 26-501,

Col. Narvarte,

03020, México, D.F.

Tel: (52442) 5579 1294 / 5698 7812 / 7813

grupoarkadi@prodigy.net.mx

Miguel Navarro R. • Eugenio García L. • Samuel Vargas M. • Jorge Rodríguez L.

MN Proyecto y Construcción

Firma con una experiencia de más de 15 años dedicados al proyecto de edificios de oficinas, estacionamientos, naves industriales, vivienda residencial y la elaboración de planes maestros, coordinación y supervisión de proyectos y obras, en los sectores privado y público. Ejercicio arquitectónico que se origina en las aulas del taller Max Cetto de la UNAM, en el cual la comunión, asociación y compromiso creativo, siguen siendo una constante en cualquier trabajo, sin olvidar la intención lúdica ni la idea permanente de transformar y reinventar la labor como arquitectos. El proyecto comienza y termina siempre en un diálogo directo con cada cliente, ellos son parte del proyecto, sus necesidades y requerimientos se traducen en espacios con gran carga expresiva y emotiva, sin perder la capacidad de funcionar adecuadamente.

This firm has more than 15 years' experience in projects to build office blocks, parking facilities, industrial premises and residential buildings, as well as in the drawing up of master plans, and project and work coordination and supervision, in both the private and public sectors. It is based in the Max Cetto workshop of the UNAM (National Autonomous University of Mexico), in which communion, partnership and a commitment to creativity are a constant feature in all work, without overlooking educational aims and the ever-present drive to transform and reinvent the work performed by architects. The project always begins and ends with a direct talk with each client, who is part of the project, to identify his/her needs and requirements and translate them into spaces with an expressive and emotive value, without undermining the firm's ability to work properly.

El despacho de Oscar M. Cadena, establecido en 1996, no se guía por modas temporales, sino que desarrolla una arquitectura única, cuidadosamente diseñada, con un lenguaje puro y contemporáneo, de formas limpias, abstractas y serenas, basado en la riqueza de los materiales naturales y el encuentro armonioso de los espacios exteriores e interiores.

Mediante un intenso análisis con su clientes, explora las maneras de vivir y de trabajar, produciendo soluciones creativas e innovadoras. Entre otros reconocimientos, ha sido finalista del Premio Internazionale di Architettura Andrea Palladio, en Italia; titular de la beca Jóvenes Creadores del FONCA; y recibió Mención de Honor en la VI Bienal de Arquitectura Mexicana.

The office of Oscar M. Cadena, established in 1996, is not swayed by short-lived fashions, but instead creates unique and carefully designed architecture using a pure and contemporary language base on clean, abstract and serene shapes and on the wealth of natural materials, as well as the harmonious meeting of indoor and outdoor spaces.

Following in-depth analysis with his clients, he explores their ways of living and working, providing creative and innovative solutions. He was the finalist at the Premio Internazionale di Architettura Andrea Palladio in Italy, has won the Jóvenes Creadores (Young Creators) grant provided by the FONCA, and received an Honorary Mention at the VI Mexican Architecture Biennale.

Oscar M. Cadena Arquitecto

Oscar M. Cadena

Carranza 2076-15,
Col. Del Valle,
78220, San Luis Potosí, México.
Tel: (52444) 811 7187
omcadena@prodigy.net.mx

Av. Toluca 491-1001,

Col. Olivar de Los Padres,

01780, México, D.F.

Tel: (5255) 5683 5230 / 5668 2884 / 85

riveroll@riveroll.com.mx

www.riveroll.com.mx

Pedro Riveroll • Pablo Riveroll

Riveroll + Riveroll Arquitectos

Cuidar que un espacio refleje y transmita la personalidad de su dueño, resulta un ejercicio que exitosamente han demostrado solucionar en Riveroll+Riveroll Arquitectos.
El entendimiento que cada caso requiere es primordial en su práctica profesional cotidiana, procurando atención personal y dedicada tanto a los innumerables detalles de proyecto y ejecución, como a los números que los generan. El resultado es el logro de espacios estéticamente atractivos que cumplen con las necesidades funcionales, ofrecen sensaciones y exceden expectativas.

Making sure each space reflects and transmits its owner's personality is a common task that Riveroll+Riveroll Arquitectos has managed to resolve successfully over time. The understanding required for each specific case is essential in their everyday practice, seeking personal and dedicated attention to the countless project and execution details, as to the numbers that generate them. The result is the creation of aesthetically pleasant spaces that fulfill functional needs, provide sensations and surpass expectations.

Rafael Sama, egresado de la Universidad Iberoamericana, fundó su despacho en 1994 y desde entonces ha realizado proyectos en casi todos los géneros: casa habitación, departamentos, edificios residenciales, oficinas corporativas, bodegas, centros deportivos y restaurantes. El despacho se enfoca al desarrollo de espacios funcionales y busca hacerlo siempre con formas sencillas y claras. Las razones para la elección de los materiales son múltiples y cambian constantemente, ya que, desde su punto de vista, todos los proyectos son diferentes y únicos, por lo que es importante que cada uno tenga características propias.

Rafael Sama, a graduate of the Universidad Iberoamericana, founded his firm in 1994, and since then it has completed projects in almost all genres: residential houses, apartments, residential buildings, corporate offices, warehouses, sports centers and restaurants. The firm focuses on the development of functional spaces and seeks always to create them with shapes that are simple and clear. The reasons for choosing materials are diverse and ever changing because, from his point of view, every project is different and unique, which is why it is important for each one to have its own features.

Sama Arquitectos

Rafael Sama Ramos

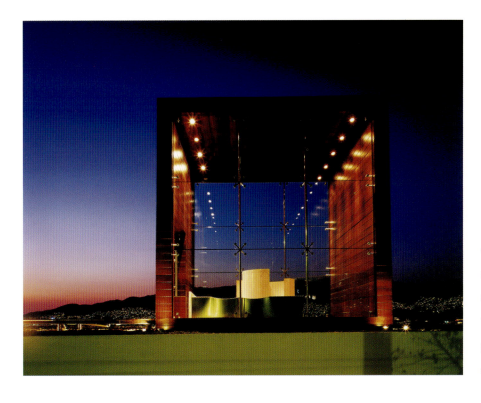

Campeche 429-7,
Col. Condesa,
06140, México, D.F.
Tel: (5255) 5211 8457 / 5553 1537
rsama@prodigy.net.mx
www.samaarquitectos.com

Arenal 24,

Col. Chimalistac,

01050, México, D.F.

Tel: (5255) 5663 0747

Fax: (5255) 5663 1628

baumgarj@workplayce.com

www.thinkspace.biz

Juan Carlos Baumgartner

Space

Egresado de la Facultad de Arquitectura de la Universidad Nacional Autónoma de México, con una especialidad en Historia del Arte en la Universidad de California, Berkeley, un postgrado en Diseño Interior, en la UNAM y otro en Diseño Industrial en la Domus Academy, de Milán, Juan Carlos Baumgartner fue reconocido en el V Concurso Internacional de Jóvenes Arquitectos organizado por la UIA, en Francia y el Premio de la Sección Francesa de la Unión Internacional de Arquitectos, en Perpignan Francia, entre otros reconocimientos internacionales. En 1999, funda Space Latinoamérica, con sede en la Ciudad de México, y sigue colaborando, como lo hace desde 1996, en los proyectos de Space en Estados Unidos, Europa y Asia.

Juan Carlos Baumgartner obtained a degree at the Faculty of Architecture of the National Autonomous University of Mexico (UNAM), a major in History of Art from the University of California at Berkeley, a postgraduate degree in Interior Design from UNAM, and another postgrad in Industrial Design from the Domus Academy in Milan. He also won acclaim at the Fifth International Young Architects Contest held by the UIA in France, and was awarded the French Section Prize of the International Union of Architects in Perpignan, France, along with other international awards. In 1999, he founded Space Latinoamérica, based in Mexico City, and he continues to work on Space projects in the US, Europe and Asia, as he has done since 1996.

Tribeca Taller de Arquitectura, se dedica a la creación, a la investigación de la arquitectura y al diseño. La firma, fundada en 1994 por Alberto Molina -arquitecto por la Universidad Iberoamericana (1976) y profesor del Departamento de Arquitectura en la UIA-, está formada por un grupo de profesionales que incluye arquitectos, ingenieros y diseñadores, cuyo objetivo es dar respuestas de excelencia en áreas como el proyecto, la construcción y el diseño interior, para un amplio rango de clientes, siempre buscando soluciones a través de una arquitectura inspirada. "Crear y construir espacios modernos, eficientes y a la vez perdurables, es nuestro reto."

Tribeca Taller de Arquitectura creates and conducts research into architecture and design. The company was founded in 1994 by Alberto Molina -architect from Universidad Iberoamericana (1976) and professor of the Architecture Department of the UIA- and comprises a group of professional architects, engineers and designers, whose aim is to provide solutions of excellence in fields such as projects, construction and interior design for an extensive range of clients, at all times seeking to use inspired architecture as a means of providing them. "Our challenge is to create and build modern, efficient and long-lasting spaces."

Tribeca

Alberto Molina

Tel y Fax: (5255) 5251 2422

Cel: (5255) 5505 5510

albertomolinaa@aim.com

tallertribeca@aol.com

Primera Edición. Se terminó de imprimir en el mes de Agosto del 2007 en China. El cuidado de edición estuvo a cargo de AM Editores S.A. de C.V.